MY Halloween
ABC HANDWRITING WORKBOOK
THIS BOOK BELONGS TO:
HAPPY HALLOWEEN
BOO!

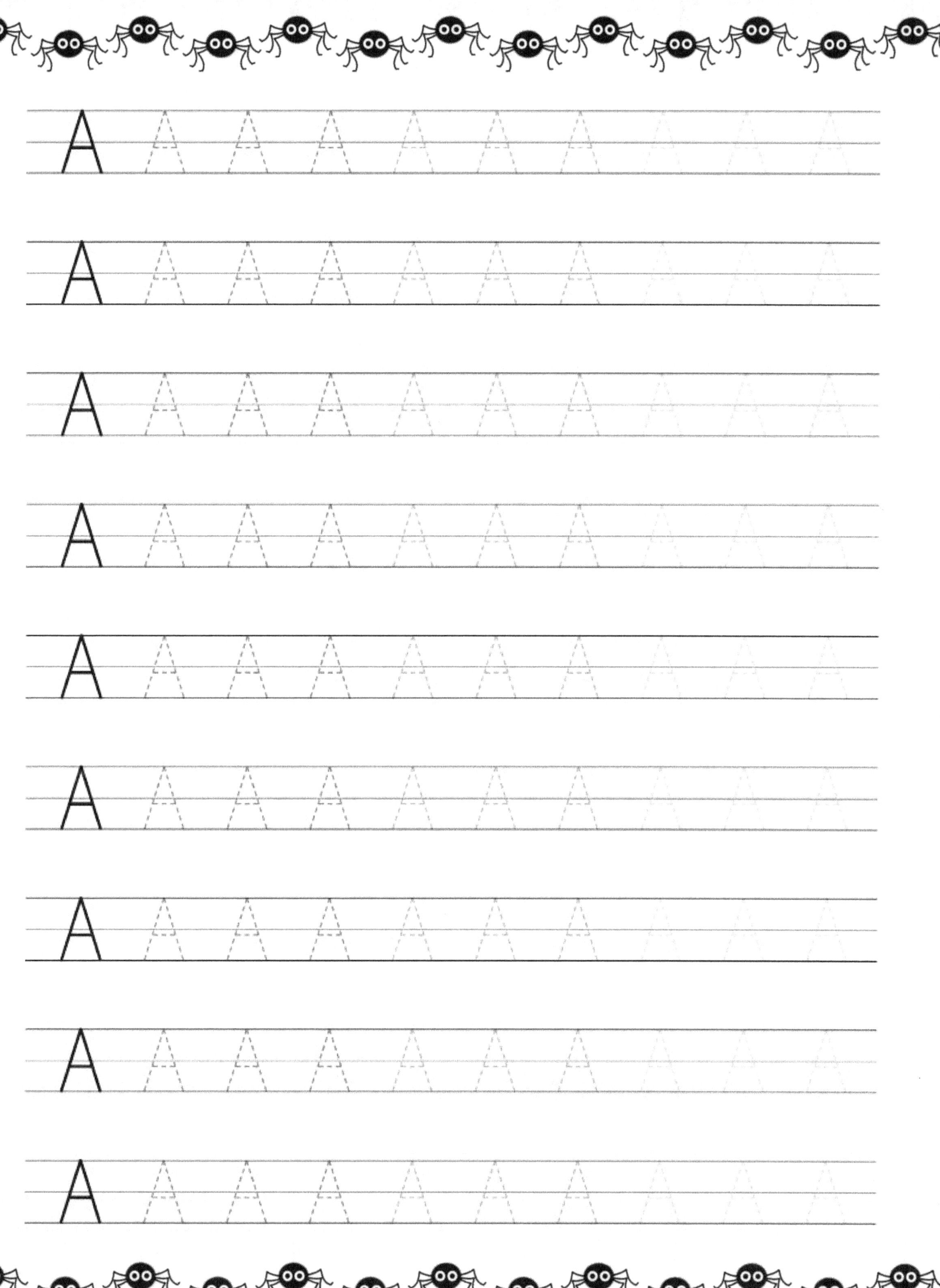

A a

Angel

B b

B b

Bat

Bat

C c

C c

Cat

Cat

D d

D d

Devil

Devil

E e

E e

Eyeball

Eyeball

F f

F f

Fairy

Fairy

G g

G g

Ghost

Ghost

H h

Haunted house

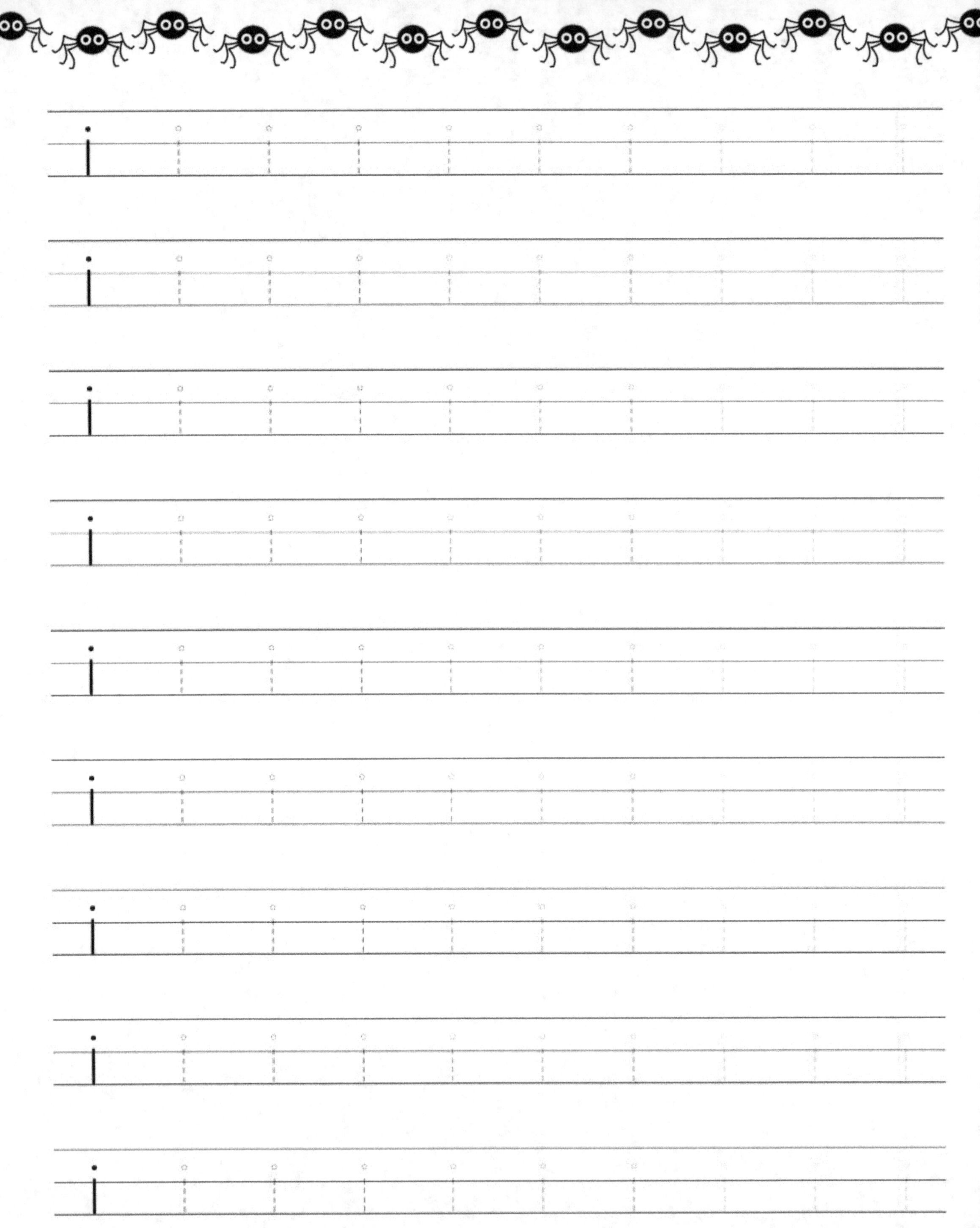

I i

I i

Ice cream

Ice cream

J j

J
j

Jack o' lantern

Jack o' lantern

K k

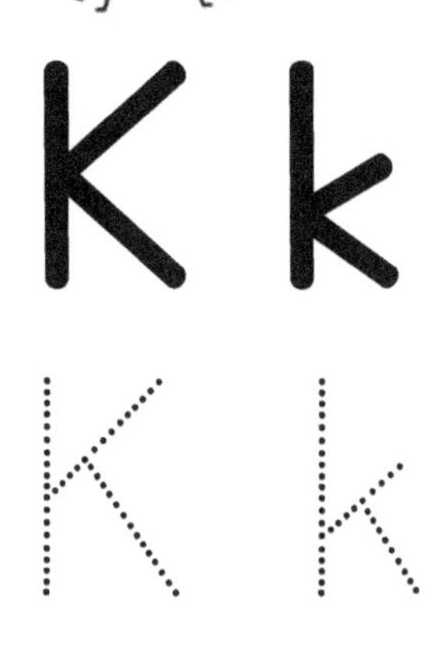

King

L l

Lion

Lion

M m

M m

Mummy

Mummy

N n

N n

Ninja

Ninja

O o

O o

Owl

Owl

P p

P p

Pirate

Pirate

Q q

Queen

R r

R r

Robot

Robot

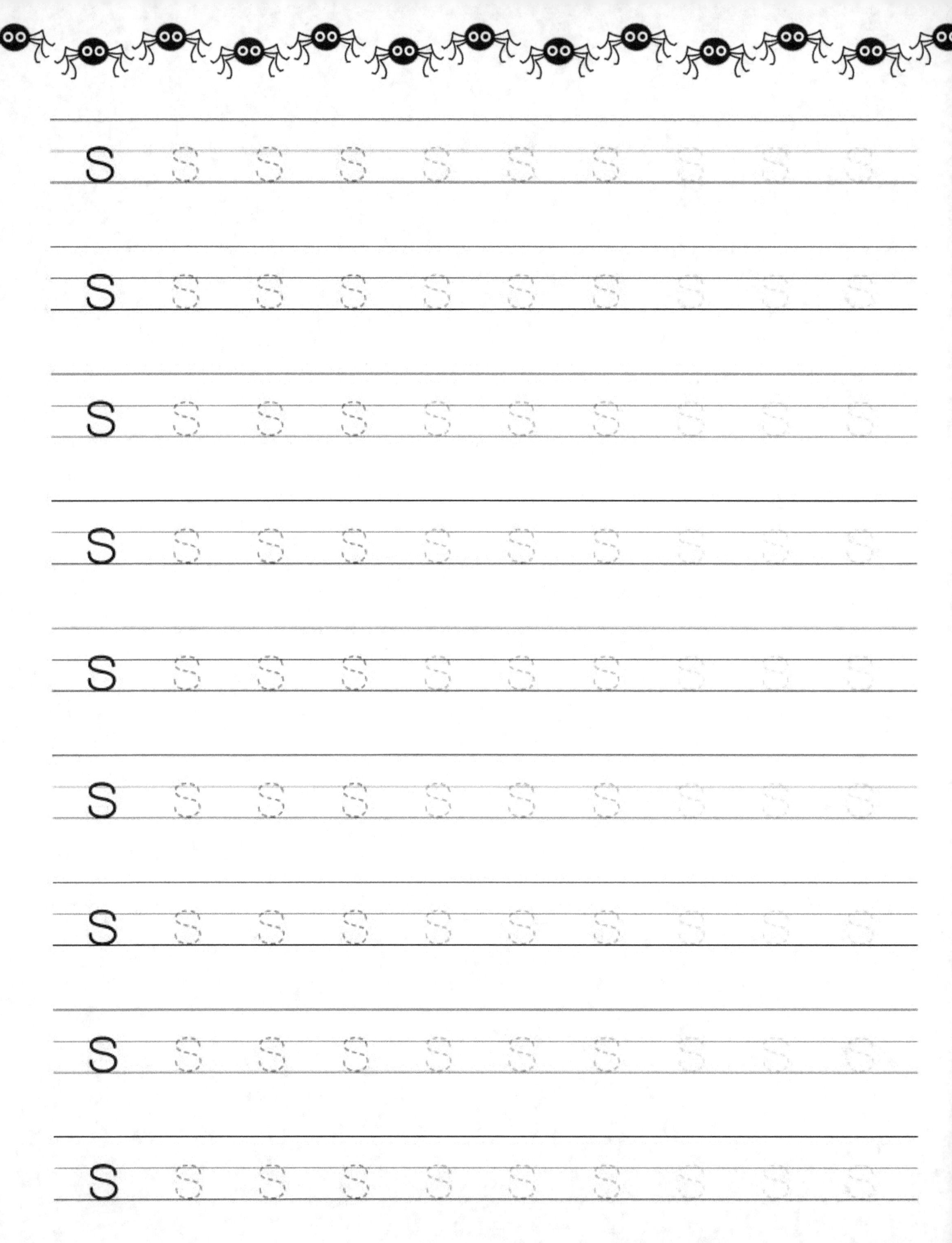

S s

S s

Scarecrow

Scarecrow

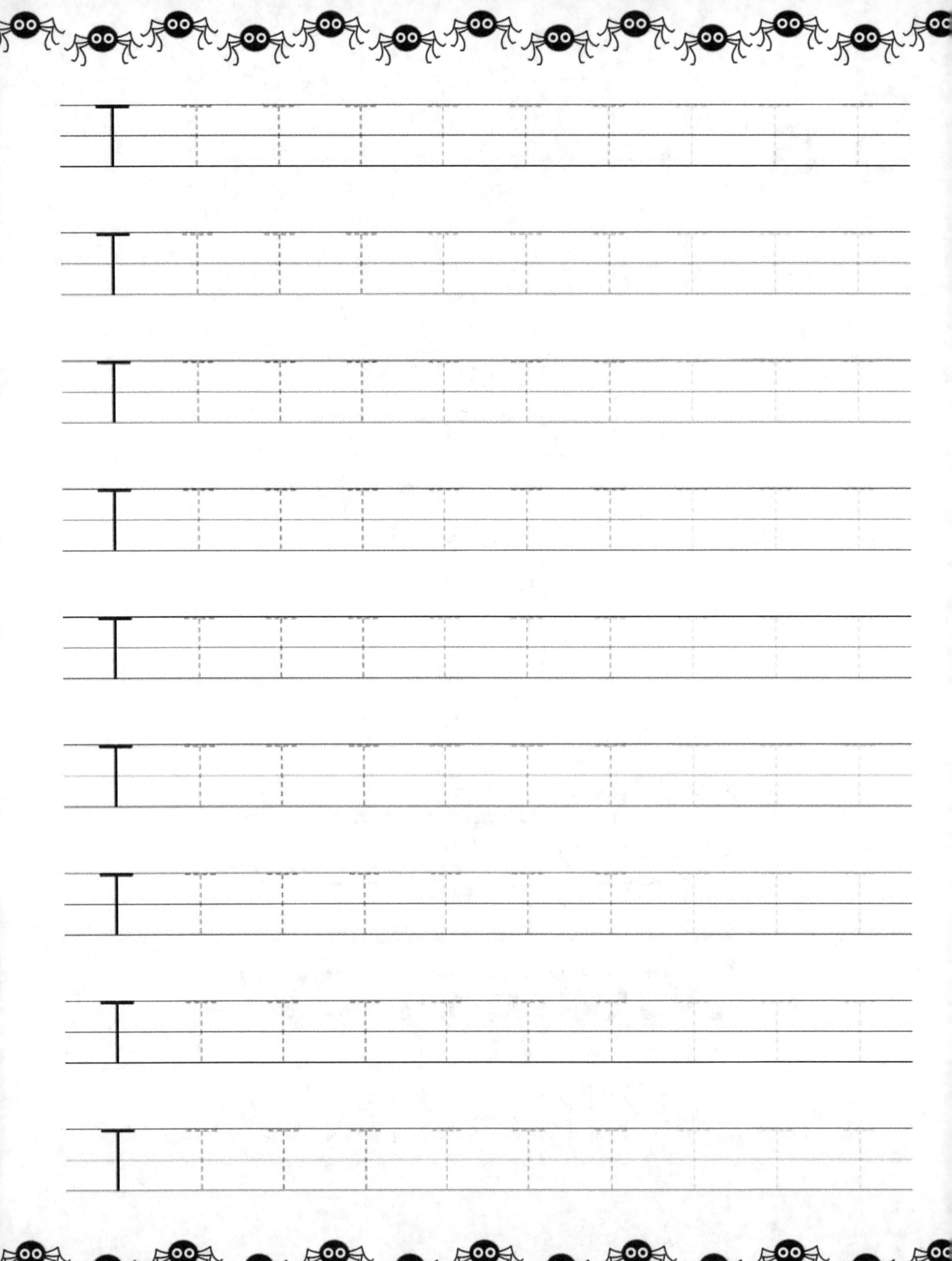

T t

T t

Tombstone

Tombstone

U u

U u

Unicorn

Unicorn

V v

Vampire

W w

Witch

X x

X-ray costume

Y y

Y y

Yo-yo

Yo-yo

Z z

Z z

Zombie

Zombie